Uwe H. Sültz

Mein Compact-Cassetten-Sammelbuch

BoD - Books on Demand

Norderstedt 2018

Bibliografische Information durch die Deutsche Nationalbibliothek

Die Deutsche Nationalbibliothek verzeichnet diese Publikation in der Deutschen Nationalbibliografie; detaillierte bibliografische Daten sind im Internet über http://dnb.dnb.de abrufbar.

© 2018 Renate & Uwe H. Sültz

Herstellung und Verlag:

BoD – Books on Demand, Norderstedt

ISBN 9-78374-6-07774-1

Compact-Cassetten-Nummer	Titel und Rauschunterdrückung	Inhalt Seite A	Seite B

Titel _____
DOLBY B ___ DOLBY C ___ DNL ___
STEREO ___ MONO ___
Fe ___ Cr ___ FeCr ___ Metal ___

Titel _____
DOLBY B ___ DOLBY C ___ DNL ___
STEREO ___ MONO ___
Fe ___ Cr ___ FeCr ___ Metal ___

Titel _____
DOLBY B ___ DOLBY C ___ DNL ___
STEREO ___ MONO ___
Fe ___ Cr ___ FeCr ___ Metal ___

Titel _____
DOLBY B ___ DOLBY C ___ DNL ___
STEREO ___ MONO ___
Fe ___ Cr ___ FeCr ___ Metal ___

Titel _____
DOLBY B ___ DOLBY C ___ DNL ___
STEREO ___ MONO ___
Fe ___ Cr ___ FeCr ___ Metal ___

Compact-Cassetten-Nummer	Titel und Rauschunter-drückung	Inhalt	
		Seite A	Seite B

Titel _____
DOLBY B ___ DOLBY C ___ DNL ___
STEREO ___ MONO ___
Fe ___ Cr ___ FeCr ___ Metal ___

Titel _____
DOLBY B ___ DOLBY C ___ DNL ___
STEREO ___ MONO ___
Fe ___ Cr ___ FeCr ___ Metal ___

Titel _____
DOLBY B ___ DOLBY C ___ DNL ___
STEREO ___ MONO ___
Fe ___ Cr ___ FeCr ___ Metal ___

Titel _____
DOLBY B ___ DOLBY C ___ DNL ___
STEREO ___ MONO ___
Fe ___ Cr ___ FeCr ___ Metal ___

Titel _____
DOLBY B ___ DOLBY C ___ DNL ___
STEREO ___ MONO ___
Fe ___ Cr ___ FeCr ___ Metal ___

Compact-Cassetten-Nummer	Titel und Rauschunter-drückung	Inhalt	
		Seite A	**Seite B**

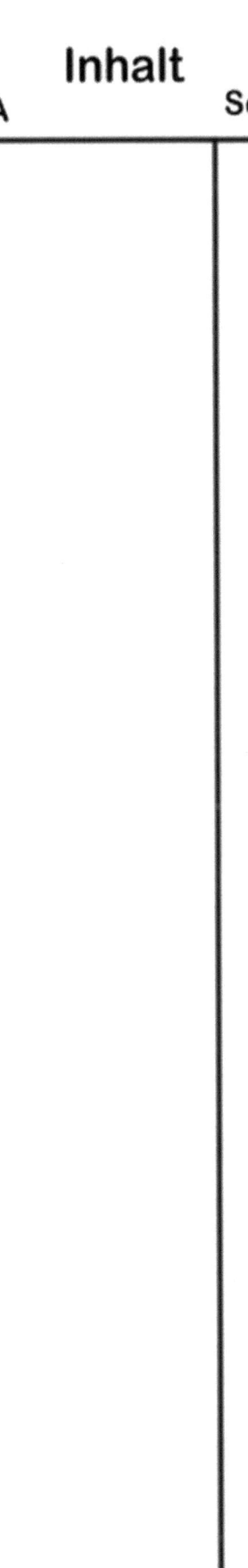

Titel _____
DOLBY B ___ DOLBY C ___ DNL ___
STEREO ___ MONO ___
Fe ___ Cr ___ FeCr ___ Metal ___

Titel _____
DOLBY B ___ DOLBY C ___ DNL ___
STEREO ___ MONO ___
Fe ___ Cr ___ FeCr ___ Metal ___

Titel _____
DOLBY B ___ DOLBY C ___ DNL ___
STEREO ___ MONO ___
Fe ___ Cr ___ FeCr ___ Metal ___

Titel _____
DOLBY B ___ DOLBY C ___ DNL ___
STEREO ___ MONO ___
Fe ___ Cr ___ FeCr ___ Metal ___

Titel _____
DOLBY B ___ DOLBY C ___ DNL ___
STEREO ___ MONO ___
Fe ___ Cr ___ FeCr ___ Metal ___

Compact-Cassetten-Nummer	Titel und Rauschunter-drückung	Inhalt	
		Seite A	Seite B

Titel _____
DOLBY B ___ DOLBY C ___ DNL ___
STEREO ___ MONO ___
Fe ___ Cr ___ FeCr ___ Metal ___

Titel _____
DOLBY B ___ DOLBY C ___ DNL ___
STEREO ___ MONO ___
Fe ___ Cr ___ FeCr ___ Metal ___

Titel _____
DOLBY B ___ DOLBY C ___ DNL ___
STEREO ___ MONO ___
Fe ___ Cr ___ FeCr ___ Metal ___

Titel _____
DOLBY B ___ DOLBY C ___ DNL ___
STEREO ___ MONO ___
Fe ___ Cr ___ FeCr ___ Metal ___

Titel _____
DOLBY B ___ DOLBY C ___ DNL ___
STEREO ___ MONO ___
Fe ___ Cr ___ FeCr ___ Metal ___

Compact-Cassetten-Nummer	Titel und Rauschunter-drückung	Inhalt	
		Seite A	Seite B

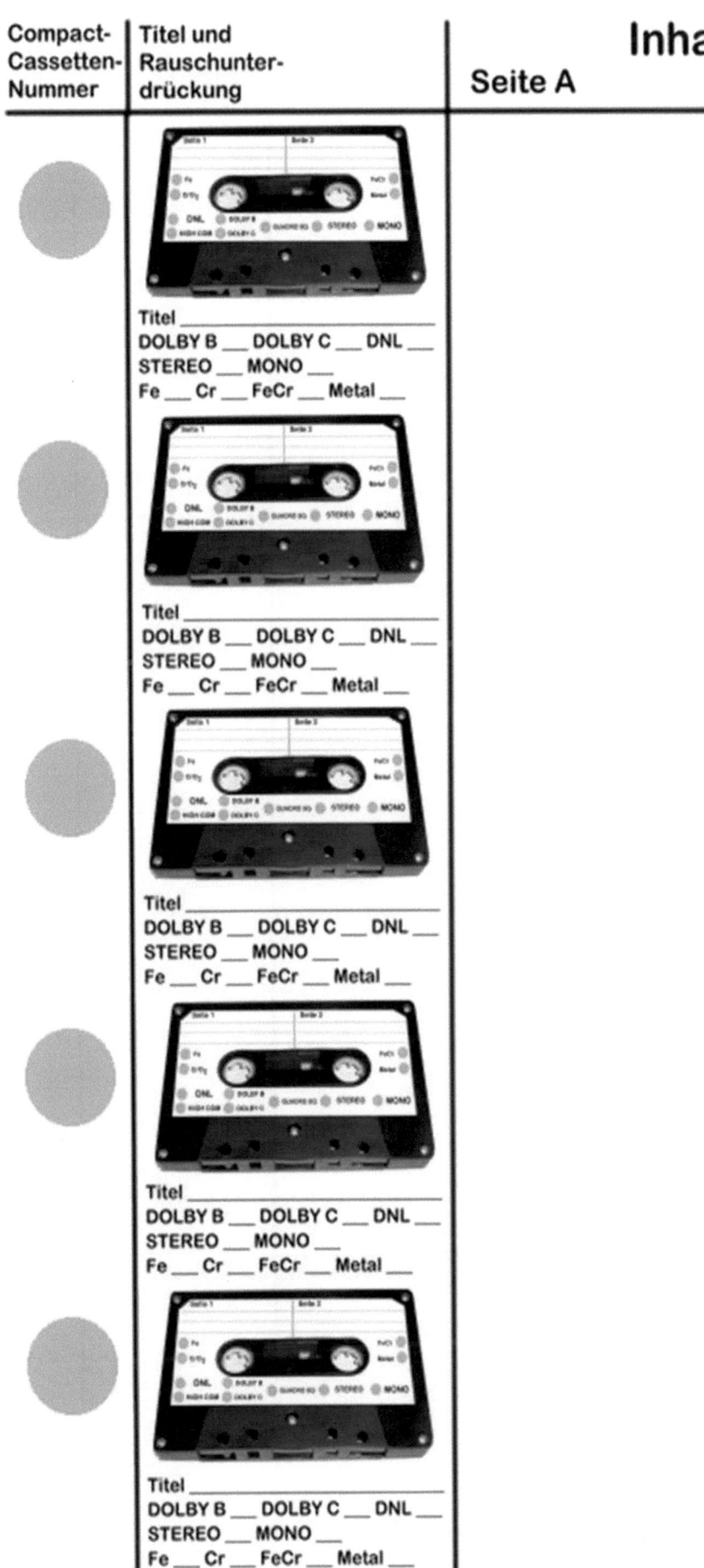

Titel _____
DOLBY B ___ DOLBY C ___ DNL ___
STEREO ___ MONO ___
Fe ___ Cr ___ FeCr ___ Metal ___

Titel _____
DOLBY B ___ DOLBY C ___ DNL ___
STEREO ___ MONO ___
Fe ___ Cr ___ FeCr ___ Metal ___

Titel _____
DOLBY B ___ DOLBY C ___ DNL ___
STEREO ___ MONO ___
Fe ___ Cr ___ FeCr ___ Metal ___

Titel _____
DOLBY B ___ DOLBY C ___ DNL ___
STEREO ___ MONO ___
Fe ___ Cr ___ FeCr ___ Metal ___

Titel _____
DOLBY B ___ DOLBY C ___ DNL ___
STEREO ___ MONO ___
Fe ___ Cr ___ FeCr ___ Metal ___

Compact-Cassetten-Nummer	Titel und Rauschunter-drückung	Inhalt	
		Seite A	Seite B

Titel _____
DOLBY B ___ DOLBY C ___ DNL ___
STEREO ___ MONO ___
Fe ___ Cr ___ FeCr ___ Metal ___

Titel _____
DOLBY B ___ DOLBY C ___ DNL ___
STEREO ___ MONO ___
Fe ___ Cr ___ FeCr ___ Metal ___

Titel _____
DOLBY B ___ DOLBY C ___ DNL ___
STEREO ___ MONO ___
Fe ___ Cr ___ FeCr ___ Metal ___

Titel _____
DOLBY B ___ DOLBY C ___ DNL ___
STEREO ___ MONO ___
Fe ___ Cr ___ FeCr ___ Metal ___

Titel _____
DOLBY B ___ DOLBY C ___ DNL ___
STEREO ___ MONO ___
Fe ___ Cr ___ FeCr ___ Metal ___

Compact-Cassetten-Nummer	Titel und Rauschunter-drückung	Inhalt	
		Seite A	Seite B

Titel _____
DOLBY B ___ DOLBY C ___ DNL ___
STEREO ___ MONO ___
Fe ___ Cr ___ FeCr ___ Metal ___

Titel _____
DOLBY B ___ DOLBY C ___ DNL ___
STEREO ___ MONO ___
Fe ___ Cr ___ FeCr ___ Metal ___

Titel _____
DOLBY B ___ DOLBY C ___ DNL ___
STEREO ___ MONO ___
Fe ___ Cr ___ FeCr ___ Metal ___

Titel _____
DOLBY B ___ DOLBY C ___ DNL ___
STEREO ___ MONO ___
Fe ___ Cr ___ FeCr ___ Metal ___

Titel _____
DOLBY B ___ DOLBY C ___ DNL ___
STEREO ___ MONO ___
Fe ___ Cr ___ FeCr ___ Metal ___

Compact-Cassetten-Nummer	Titel und Rauschunter-drückung	Inhalt	
		Seite A	Seite B

Titel _____
DOLBY B ___ DOLBY C ___ DNL ___
STEREO ___ MONO ___
Fe ___ Cr ___ FeCr ___ Metal ___

Titel _____
DOLBY B ___ DOLBY C ___ DNL ___
STEREO ___ MONO ___
Fe ___ Cr ___ FeCr ___ Metal ___

Titel _____
DOLBY B ___ DOLBY C ___ DNL ___
STEREO ___ MONO ___
Fe ___ Cr ___ FeCr ___ Metal ___

Titel _____
DOLBY B ___ DOLBY C ___ DNL ___
STEREO ___ MONO ___
Fe ___ Cr ___ FeCr ___ Metal ___

Titel _____
DOLBY B ___ DOLBY C ___ DNL ___
STEREO ___ MONO ___
Fe ___ Cr ___ FeCr ___ Metal ___

Compact-Cassetten-Nummer	Titel und Rauschunter-drückung	Inhalt	
		Seite A	Seite B

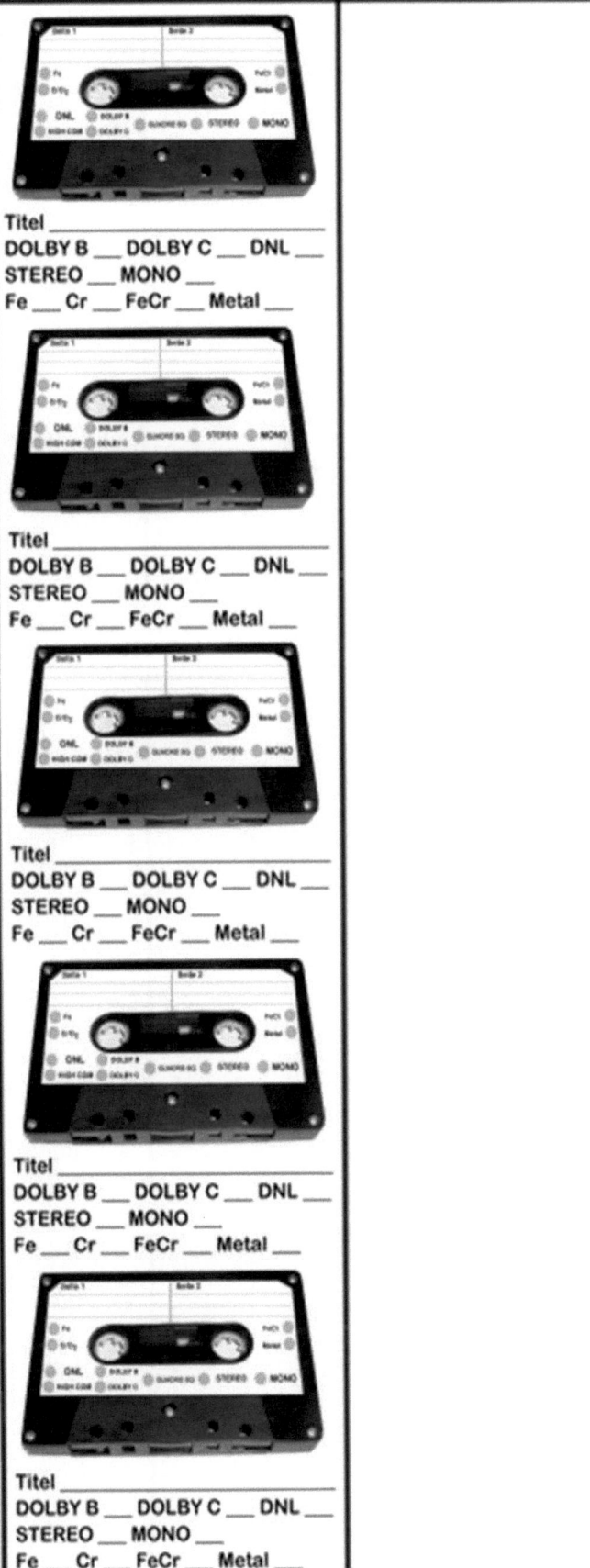

Titel _____
DOLBY B ___ DOLBY C ___ DNL ___
STEREO ___ MONO ___
Fe ___ Cr ___ FeCr ___ Metal ___

Titel _____
DOLBY B ___ DOLBY C ___ DNL ___
STEREO ___ MONO ___
Fe ___ Cr ___ FeCr ___ Metal ___

Titel _____
DOLBY B ___ DOLBY C ___ DNL ___
STEREO ___ MONO ___
Fe ___ Cr ___ FeCr ___ Metal ___

Titel _____
DOLBY B ___ DOLBY C ___ DNL ___
STEREO ___ MONO ___
Fe ___ Cr ___ FeCr ___ Metal ___

Titel _____
DOLBY B ___ DOLBY C ___ DNL ___
STEREO ___ MONO ___
Fe ___ Cr ___ FeCr ___ Metal ___

Compact-Cassetten-Nummer	Titel und Rauschunter-drückung	Inhalt	
		Seite A	Seite B

Titel _____
DOLBY B ___ DOLBY C ___ DNL ___
STEREO ___ MONO ___
Fe ___ Cr ___ FeCr ___ Metal ___

Titel _____
DOLBY B ___ DOLBY C ___ DNL ___
STEREO ___ MONO ___
Fe ___ Cr ___ FeCr ___ Metal ___

Titel _____
DOLBY B ___ DOLBY C ___ DNL ___
STEREO ___ MONO ___
Fe ___ Cr ___ FeCr ___ Metal ___

Titel _____
DOLBY B ___ DOLBY C ___ DNL ___
STEREO ___ MONO ___
Fe ___ Cr ___ FeCr ___ Metal ___

Titel _____
DOLBY B ___ DOLBY C ___ DNL ___
STEREO ___ MONO ___
Fe ___ Cr ___ FeCr ___ Metal ___

Compact-Cassetten-Nummer	Titel und Rauschunter-drückung	Inhalt	
		Seite A	Seite B

Titel _____
DOLBY B ___ DOLBY C ___ DNL ___
STEREO ___ MONO ___
Fe ___ Cr ___ FeCr ___ Metal ___

Titel _____
DOLBY B ___ DOLBY C ___ DNL ___
STEREO ___ MONO ___
Fe ___ Cr ___ FeCr ___ Metal ___

Titel _____
DOLBY B ___ DOLBY C ___ DNL ___
STEREO ___ MONO ___
Fe ___ Cr ___ FeCr ___ Metal ___

Titel _____
DOLBY B ___ DOLBY C ___ DNL ___
STEREO ___ MONO ___
Fe ___ Cr ___ FeCr ___ Metal ___

Titel _____
DOLBY B ___ DOLBY C ___ DNL ___
STEREO ___ MONO ___
Fe ___ Cr ___ FeCr ___ Metal ___

Compact-Cassetten-Nummer	Titel und Rauschunter-drückung	Inhalt	
		Seite A	Seite B

Titel _____
DOLBY B ___ DOLBY C ___ DNL ___
STEREO ___ MONO ___
Fe ___ Cr ___ FeCr ___ Metal ___

Titel _____
DOLBY B ___ DOLBY C ___ DNL ___
STEREO ___ MONO ___
Fe ___ Cr ___ FeCr ___ Metal ___

Titel _____
DOLBY B ___ DOLBY C ___ DNL ___
STEREO ___ MONO ___
Fe ___ Cr ___ FeCr ___ Metal ___

Titel _____
DOLBY B ___ DOLBY C ___ DNL ___
STEREO ___ MONO ___
Fe ___ Cr ___ FeCr ___ Metal ___

Titel _____
DOLBY B ___ DOLBY C ___ DNL ___
STEREO ___ MONO ___
Fe ___ Cr ___ FeCr ___ Metal ___

Compact-Cassetten-Nummer	Titel und Rauschunter-drückung	Inhalt	
		Seite A	Seite B

Titel _____
DOLBY B ___ DOLBY C ___ DNL ___
STEREO ___ MONO ___
Fe ___ Cr ___ FeCr ___ Metal ___

Titel _____
DOLBY B ___ DOLBY C ___ DNL ___
STEREO ___ MONO ___
Fe ___ Cr ___ FeCr ___ Metal ___

Titel _____
DOLBY B ___ DOLBY C ___ DNL ___
STEREO ___ MONO ___
Fe ___ Cr ___ FeCr ___ Metal ___

Titel _____
DOLBY B ___ DOLBY C ___ DNL ___
STEREO ___ MONO ___
Fe ___ Cr ___ FeCr ___ Metal ___

Titel _____
DOLBY B ___ DOLBY C ___ DNL ___
STEREO ___ MONO ___
Fe ___ Cr ___ FeCr ___ Metal ___

Compact-Cassetten-Nummer	Titel und Rauschunter-drückung	Inhalt	
		Seite A	Seite B

Titel _____
DOLBY B ___ DOLBY C ___ DNL ___
STEREO ___ MONO ___
Fe ___ Cr ___ FeCr ___ Metal ___

Titel _____
DOLBY B ___ DOLBY C ___ DNL ___
STEREO ___ MONO ___
Fe ___ Cr ___ FeCr ___ Metal ___

Titel _____
DOLBY B ___ DOLBY C ___ DNL ___
STEREO ___ MONO ___
Fe ___ Cr ___ FeCr ___ Metal ___

Titel _____
DOLBY B ___ DOLBY C ___ DNL ___
STEREO ___ MONO ___
Fe ___ Cr ___ FeCr ___ Metal ___

Titel _____
DOLBY B ___ DOLBY C ___ DNL ___
STEREO ___ MONO ___
Fe ___ Cr ___ FeCr ___ Metal ___

Compact-Cassetten-Nummer	Titel und Rauschunter-drückung	Inhalt	
		Seite A	Seite B

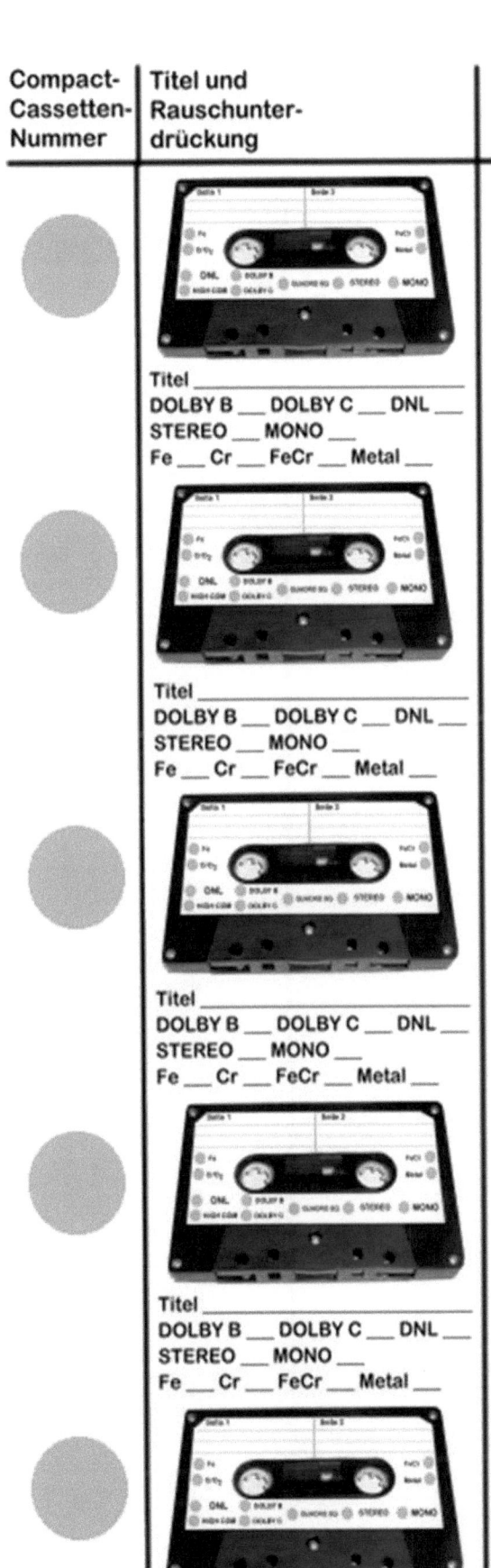

Titel _____
DOLBY B ___ DOLBY C ___ DNL ___
STEREO ___ MONO ___
Fe ___ Cr ___ FeCr ___ Metal ___

Titel _____
DOLBY B ___ DOLBY C ___ DNL ___
STEREO ___ MONO ___
Fe ___ Cr ___ FeCr ___ Metal ___

Titel _____
DOLBY B ___ DOLBY C ___ DNL ___
STEREO ___ MONO ___
Fe ___ Cr ___ FeCr ___ Metal ___

Titel _____
DOLBY B ___ DOLBY C ___ DNL ___
STEREO ___ MONO ___
Fe ___ Cr ___ FeCr ___ Metal ___

Titel _____
DOLBY B ___ DOLBY C ___ DNL ___
STEREO ___ MONO ___
Fe ___ Cr ___ FeCr ___ Metal ___

Compact-Cassetten-Nummer	Titel und Rauschunter-drückung	Inhalt	
		Seite A	Seite B

Titel _____
DOLBY B ___ DOLBY C ___ DNL ___
STEREO ___ MONO ___
Fe ___ Cr ___ FeCr ___ Metal ___

Titel _____
DOLBY B ___ DOLBY C ___ DNL ___
STEREO ___ MONO ___
Fe ___ Cr ___ FeCr ___ Metal ___

Titel _____
DOLBY B ___ DOLBY C ___ DNL ___
STEREO ___ MONO ___
Fe ___ Cr ___ FeCr ___ Metal ___

Titel _____
DOLBY B ___ DOLBY C ___ DNL ___
STEREO ___ MONO ___
Fe ___ Cr ___ FeCr ___ Metal ___

Titel _____
DOLBY B ___ DOLBY C ___ DNL ___
STEREO ___ MONO ___
Fe ___ Cr ___ FeCr ___ Metal ___

Compact-Cassetten-Nummer	Titel und Rauschunter-drückung	Inhalt	
		Seite A	Seite B

Titel _____
DOLBY B ___ DOLBY C ___ DNL ___
STEREO ___ MONO ___
Fe ___ Cr ___ FeCr ___ Metal ___

Titel _____
DOLBY B ___ DOLBY C ___ DNL ___
STEREO ___ MONO ___
Fe ___ Cr ___ FeCr ___ Metal ___

Titel _____
DOLBY B ___ DOLBY C ___ DNL ___
STEREO ___ MONO ___
Fe ___ Cr ___ FeCr ___ Metal ___

Titel _____
DOLBY B ___ DOLBY C ___ DNL ___
STEREO ___ MONO ___
Fe ___ Cr ___ FeCr ___ Metal ___

Titel _____
DOLBY B ___ DOLBY C ___ DNL ___
STEREO ___ MONO ___
Fe ___ Cr ___ FeCr ___ Metal ___

Compact-Cassetten-Nummer	Titel und Rauschunter-drückung	Inhalt	
		Seite A	Seite B

Titel _____
DOLBY B ___ DOLBY C ___ DNL ___
STEREO ___ MONO ___
Fe ___ Cr ___ FeCr ___ Metal ___

Titel _____
DOLBY B ___ DOLBY C ___ DNL ___
STEREO ___ MONO ___
Fe ___ Cr ___ FeCr ___ Metal ___

Titel _____
DOLBY B ___ DOLBY C ___ DNL ___
STEREO ___ MONO ___
Fe ___ Cr ___ FeCr ___ Metal ___

Titel _____
DOLBY B ___ DOLBY C ___ DNL ___
STEREO ___ MONO ___
Fe ___ Cr ___ FeCr ___ Metal ___

Titel _____
DOLBY B ___ DOLBY C ___ DNL ___
STEREO ___ MONO ___
Fe ___ Cr ___ FeCr ___ Metal ___

Compact-Cassetten-Nummer	Titel und Rauschunter-drückung	Inhalt	
		Seite A	Seite B

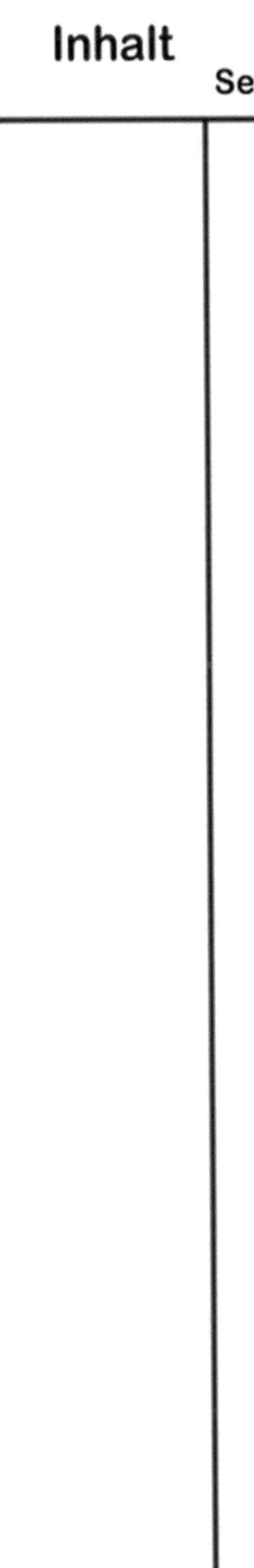

Titel _____
DOLBY B ___ DOLBY C ___ DNL ___
STEREO ___ MONO ___
Fe ___ Cr ___ FeCr ___ Metal ___

Titel _____
DOLBY B ___ DOLBY C ___ DNL ___
STEREO ___ MONO ___
Fe ___ Cr ___ FeCr ___ Metal ___

Titel _____
DOLBY B ___ DOLBY C ___ DNL ___
STEREO ___ MONO ___
Fe ___ Cr ___ FeCr ___ Metal ___

Titel _____
DOLBY B ___ DOLBY C ___ DNL ___
STEREO ___ MONO ___
Fe ___ Cr ___ FeCr ___ Metal ___

Titel _____
DOLBY B ___ DOLBY C ___ DNL ___
STEREO ___ MONO ___
Fe ___ Cr ___ FeCr ___ Metal ___

Compact-Cassetten-Nummer	Titel und Rauschunter-drückung	Inhalt	
		Seite A	Seite B

Titel _____
DOLBY B ___ DOLBY C ___ DNL ___
STEREO ___ MONO ___
Fe ___ Cr ___ FeCr ___ Metal ___

Titel _____
DOLBY B ___ DOLBY C ___ DNL ___
STEREO ___ MONO ___
Fe ___ Cr ___ FeCr ___ Metal ___

Titel _____
DOLBY B ___ DOLBY C ___ DNL ___
STEREO ___ MONO ___
Fe ___ Cr ___ FeCr ___ Metal ___

Titel _____
DOLBY B ___ DOLBY C ___ DNL ___
STEREO ___ MONO ___
Fe ___ Cr ___ FeCr ___ Metal ___

Titel _____
DOLBY B ___ DOLBY C ___ DNL ___
STEREO ___ MONO ___
Fe ___ Cr ___ FeCr ___ Metal ___

Compact-Cassetten-Nummer	Titel und Rauschunter-drückung	Inhalt	
		Seite A	Seite B

Titel _____
DOLBY B ___ DOLBY C ___ DNL ___
STEREO ___ MONO ___
Fe ___ Cr ___ FeCr ___ Metal ___

Titel _____
DOLBY B ___ DOLBY C ___ DNL ___
STEREO ___ MONO ___
Fe ___ Cr ___ FeCr ___ Metal ___

Titel _____
DOLBY B ___ DOLBY C ___ DNL ___
STEREO ___ MONO ___
Fe ___ Cr ___ FeCr ___ Metal ___

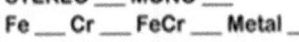

Titel _____
DOLBY B ___ DOLBY C ___ DNL ___
STEREO ___ MONO ___
Fe ___ Cr ___ FeCr ___ Metal ___

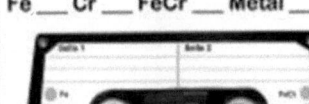

Titel _____
DOLBY B ___ DOLBY C ___ DNL ___
STEREO ___ MONO ___
Fe ___ Cr ___ FeCr ___ Metal ___

Compact-Cassetten-Nummer	Titel und Rauschunter-drückung	Inhalt	
		Seite A	Seite B

Titel _____
DOLBY B ___ DOLBY C ___ DNL ___
STEREO ___ MONO ___
Fe ___ Cr ___ FeCr ___ Metal ___

Titel _____
DOLBY B ___ DOLBY C ___ DNL ___
STEREO ___ MONO ___
Fe ___ Cr ___ FeCr ___ Metal ___

Titel _____
DOLBY B ___ DOLBY C ___ DNL ___
STEREO ___ MONO ___
Fe ___ Cr ___ FeCr ___ Metal ___

Titel _____
DOLBY B ___ DOLBY C ___ DNL ___
STEREO ___ MONO ___
Fe ___ Cr ___ FeCr ___ Metal ___

Titel _____
DOLBY B ___ DOLBY C ___ DNL ___
STEREO ___ MONO ___
Fe ___ Cr ___ FeCr ___ Metal ___

Compact-Cassetten-Nummer	Titel und Rauschunter-drückung	Inhalt Seite A	Seite B

Titel _____
DOLBY B ___ DOLBY C ___ DNL ___
STEREO ___ MONO ___
Fe ___ Cr ___ FeCr ___ Metal ___

Titel _____
DOLBY B ___ DOLBY C ___ DNL ___
STEREO ___ MONO ___
Fe ___ Cr ___ FeCr ___ Metal ___

Titel _____
DOLBY B ___ DOLBY C ___ DNL ___
STEREO ___ MONO ___
Fe ___ Cr ___ FeCr ___ Metal ___

Titel _____
DOLBY B ___ DOLBY C ___ DNL ___
STEREO ___ MONO ___
Fe ___ Cr ___ FeCr ___ Metal ___

Titel _____
DOLBY B ___ DOLBY C ___ DNL ___
STEREO ___ MONO ___
Fe ___ Cr ___ FeCr ___ Metal ___

Compact-Cassetten-Nummer	Titel und Rauschunter-drückung	Inhalt	
		Seite A	**Seite B**

Titel _____
DOLBY B ___ DOLBY C ___ DNL ___
STEREO ___ MONO ___
Fe ___ Cr ___ FeCr ___ Metal ___

Titel _____
DOLBY B ___ DOLBY C ___ DNL ___
STEREO ___ MONO ___
Fe ___ Cr ___ FeCr ___ Metal ___

Titel _____
DOLBY B ___ DOLBY C ___ DNL ___
STEREO ___ MONO ___
Fe ___ Cr ___ FeCr ___ Metal ___

Titel _____
DOLBY B ___ DOLBY C ___ DNL ___
STEREO ___ MONO ___
Fe ___ Cr ___ FeCr ___ Metal ___

Titel _____
DOLBY B ___ DOLBY C ___ DNL ___
STEREO ___ MONO ___
Fe ___ Cr ___ FeCr ___ Metal ___

Compact-Cassetten-Nummer	Titel und Rauschunter-drückung	Inhalt	
		Seite A	Seite B
	Titel _____ DOLBY B ___ DOLBY C ___ DNL ___ STEREO ___ MONO ___ Fe ___ Cr ___ FeCr ___ Metal ___		
	Titel _____ DOLBY B ___ DOLBY C ___ DNL ___ STEREO ___ MONO ___ Fe ___ Cr ___ FeCr ___ Metal ___		
	Titel _____ DOLBY B ___ DOLBY C ___ DNL ___ STEREO ___ MONO ___ Fe ___ Cr ___ FeCr ___ Metal ___		
	Titel _____ DOLBY B ___ DOLBY C ___ DNL ___ STEREO ___ MONO ___ Fe ___ Cr ___ FeCr ___ Metal ___		
	Titel _____ DOLBY B ___ DOLBY C ___ DNL ___ STEREO ___ MONO ___ Fe ___ Cr ___ FeCr ___ Metal ___		

Compact-Cassetten-Nummer	Titel und Rauschunter-drückung	Inhalt	
		Seite A	Seite B

Titel _____
DOLBY B ___ DOLBY C ___ DNL ___
STEREO ___ MONO ___
Fe ___ Cr ___ FeCr ___ Metal ___

Titel _____
DOLBY B ___ DOLBY C ___ DNL ___
STEREO ___ MONO ___
Fe ___ Cr ___ FeCr ___ Metal ___

Titel _____
DOLBY B ___ DOLBY C ___ DNL ___
STEREO ___ MONO ___
Fe ___ Cr ___ FeCr ___ Metal ___

Titel _____
DOLBY B ___ DOLBY C ___ DNL ___
STEREO ___ MONO ___
Fe ___ Cr ___ FeCr ___ Metal ___

Titel _____
DOLBY B ___ DOLBY C ___ DNL ___
STEREO ___ MONO ___
Fe ___ Cr ___ FeCr ___ Metal ___

Compact-Cassetten-Nummer	Titel und Rauschunter-drückung	Inhalt	
		Seite A	Seite B

Titel _____
DOLBY B ___ DOLBY C ___ DNL ___
STEREO ___ MONO ___
Fe ___ Cr ___ FeCr ___ Metal ___

Titel _____
DOLBY B ___ DOLBY C ___ DNL ___
STEREO ___ MONO ___
Fe ___ Cr ___ FeCr ___ Metal ___

Titel _____
DOLBY B ___ DOLBY C ___ DNL ___
STEREO ___ MONO ___
Fe ___ Cr ___ FeCr ___ Metal ___

Titel _____
DOLBY B ___ DOLBY C ___ DNL ___
STEREO ___ MONO ___
Fe ___ Cr ___ FeCr ___ Metal ___

Titel _____
DOLBY B ___ DOLBY C ___ DNL ___
STEREO ___ MONO ___
Fe ___ Cr ___ FeCr ___ Metal ___

Compact-Cassetten-Nummer	Titel und Rauschunter-drückung	Inhalt	
		Seite A	Seite B

Titel _____
DOLBY B ___ DOLBY C ___ DNL ___
STEREO ___ MONO ___
Fe ___ Cr ___ FeCr ___ Metal ___

Titel _____
DOLBY B ___ DOLBY C ___ DNL ___
STEREO ___ MONO ___
Fe ___ Cr ___ FeCr ___ Metal ___

Titel _____
DOLBY B ___ DOLBY C ___ DNL ___
STEREO ___ MONO ___
Fe ___ Cr ___ FeCr ___ Metal ___

Titel _____
DOLBY B ___ DOLBY C ___ DNL ___
STEREO ___ MONO ___
Fe ___ Cr ___ FeCr ___ Metal ___

Titel _____
DOLBY B ___ DOLBY C ___ DNL ___
STEREO ___ MONO ___
Fe ___ Cr ___ FeCr ___ Metal ___

Compact-Cassetten-Nummer	Titel und Rauschunter-drückung	Inhalt	
		Seite A	Seite B

Titel _____
DOLBY B ___ DOLBY C ___ DNL ___
STEREO ___ MONO ___
Fe ___ Cr ___ FeCr ___ Metal ___

Titel _____
DOLBY B ___ DOLBY C ___ DNL ___
STEREO ___ MONO ___
Fe ___ Cr ___ FeCr ___ Metal ___

Titel _____
DOLBY B ___ DOLBY C ___ DNL ___
STEREO ___ MONO ___
Fe ___ Cr ___ FeCr ___ Metal ___

Titel _____
DOLBY B ___ DOLBY C ___ DNL ___
STEREO ___ MONO ___
Fe ___ Cr ___ FeCr ___ Metal ___

Titel _____
DOLBY B ___ DOLBY C ___ DNL ___
STEREO ___ MONO ___
Fe ___ Cr ___ FeCr ___ Metal ___

Compact-Cassetten-Nummer	Titel und Rauschunter-drückung	Inhalt	
		Seite A	Seite B

Titel _____
DOLBY B ___ DOLBY C ___ DNL ___
STEREO ___ MONO ___
Fe ___ Cr ___ FeCr ___ Metal ___

Titel _____
DOLBY B ___ DOLBY C ___ DNL ___
STEREO ___ MONO ___
Fe ___ Cr ___ FeCr ___ Metal ___

Titel _____
DOLBY B ___ DOLBY C ___ DNL ___
STEREO ___ MONO ___
Fe ___ Cr ___ FeCr ___ Metal ___

Titel _____
DOLBY B ___ DOLBY C ___ DNL ___
STEREO ___ MONO ___
Fe ___ Cr ___ FeCr ___ Metal ___

Titel _____
DOLBY B ___ DOLBY C ___ DNL ___
STEREO ___ MONO ___
Fe ___ Cr ___ FeCr ___ Metal ___

Compact-Cassetten-Nummer	Titel und Rauschunter-drückung	Inhalt	
		Seite A	Seite B

Titel _____
DOLBY B ___ DOLBY C ___ DNL ___
STEREO ___ MONO ___
Fe ___ Cr ___ FeCr ___ Metal ___

Titel _____
DOLBY B ___ DOLBY C ___ DNL ___
STEREO ___ MONO ___
Fe ___ Cr ___ FeCr ___ Metal ___

Titel _____
DOLBY B ___ DOLBY C ___ DNL ___
STEREO ___ MONO ___
Fe ___ Cr ___ FeCr ___ Metal ___

Titel _____
DOLBY B ___ DOLBY C ___ DNL ___
STEREO ___ MONO ___
Fe ___ Cr ___ FeCr ___ Metal ___

Titel _____
DOLBY B ___ DOLBY C ___ DNL ___
STEREO ___ MONO ___
Fe ___ Cr ___ FeCr ___ Metal ___

Compact-Cassetten-Nummer	Titel und Rauschunter-drückung	Inhalt	
		Seite A	Seite B

Titel _____
DOLBY B ___ DOLBY C ___ DNL ___
STEREO ___ MONO ___
Fe ___ Cr ___ FeCr ___ Metal ___

Titel _____
DOLBY B ___ DOLBY C ___ DNL ___
STEREO ___ MONO ___
Fe ___ Cr ___ FeCr ___ Metal ___

Titel _____
DOLBY B ___ DOLBY C ___ DNL ___
STEREO ___ MONO ___
Fe ___ Cr ___ FeCr ___ Metal ___

Titel _____
DOLBY B ___ DOLBY C ___ DNL ___
STEREO ___ MONO ___
Fe ___ Cr ___ FeCr ___ Metal ___

Titel _____
DOLBY B ___ DOLBY C ___ DNL ___
STEREO ___ MONO ___
Fe ___ Cr ___ FeCr ___ Metal ___

Compact-Cassetten-Nummer	Titel und Rauschunter-drückung	Inhalt	
		Seite A	Seite B

Titel _____
DOLBY B ___ DOLBY C ___ DNL ___
STEREO ___ MONO ___
Fe ___ Cr ___ FeCr ___ Metal ___

Titel _____
DOLBY B ___ DOLBY C ___ DNL ___
STEREO ___ MONO ___
Fe ___ Cr ___ FeCr ___ Metal ___

Titel _____
DOLBY B ___ DOLBY C ___ DNL ___
STEREO ___ MONO ___
Fe ___ Cr ___ FeCr ___ Metal ___

Titel _____
DOLBY B ___ DOLBY C ___ DNL ___
STEREO ___ MONO ___
Fe ___ Cr ___ FeCr ___ Metal ___

Titel _____
DOLBY B ___ DOLBY C ___ DNL ___
STEREO ___ MONO ___
Fe ___ Cr ___ FeCr ___ Metal ___

Compact-Cassetten-Nummer	Titel und Rauschunter-drückung	Inhalt	
		Seite A	Seite B

Titel _____
DOLBY B ___ DOLBY C ___ DNL ___
STEREO ___ MONO ___
Fe ___ Cr ___ FeCr ___ Metal ___

Titel _____
DOLBY B ___ DOLBY C ___ DNL ___
STEREO ___ MONO ___
Fe ___ Cr ___ FeCr ___ Metal ___

Titel _____
DOLBY B ___ DOLBY C ___ DNL ___
STEREO ___ MONO ___
Fe ___ Cr ___ FeCr ___ Metal ___

Titel _____
DOLBY B ___ DOLBY C ___ DNL ___
STEREO ___ MONO ___
Fe ___ Cr ___ FeCr ___ Metal ___

Titel _____
DOLBY B ___ DOLBY C ___ DNL ___
STEREO ___ MONO ___
Fe ___ Cr ___ FeCr ___ Metal ___

Compact-Cassetten-Nummer	Titel und Rauschunter-drückung	Inhalt	
		Seite A	Seite B

Titel _____
DOLBY B ___ DOLBY C ___ DNL ___
STEREO ___ MONO ___
Fe ___ Cr ___ FeCr ___ Metal ___

Titel _____
DOLBY B ___ DOLBY C ___ DNL ___
STEREO ___ MONO ___
Fe ___ Cr ___ FeCr ___ Metal ___

Titel _____
DOLBY B ___ DOLBY C ___ DNL ___
STEREO ___ MONO ___
Fe ___ Cr ___ FeCr ___ Metal ___

Titel _____
DOLBY B ___ DOLBY C ___ DNL ___
STEREO ___ MONO ___
Fe ___ Cr ___ FeCr ___ Metal ___

Titel _____
DOLBY B ___ DOLBY C ___ DNL ___
STEREO ___ MONO ___
Fe ___ Cr ___ FeCr ___ Metal ___

Compact-Cassetten-Nummer	Titel und Rauschunter-drückung	Inhalt	
		Seite A	Seite B

Titel _____
DOLBY B ___ DOLBY C ___ DNL ___
STEREO ___ MONO ___
Fe ___ Cr ___ FeCr ___ Metal ___

Titel _____
DOLBY B ___ DOLBY C ___ DNL ___
STEREO ___ MONO ___
Fe ___ Cr ___ FeCr ___ Metal ___

Titel _____
DOLBY B ___ DOLBY C ___ DNL ___
STEREO ___ MONO ___
Fe ___ Cr ___ FeCr ___ Metal ___

Titel _____
DOLBY B ___ DOLBY C ___ DNL ___
STEREO ___ MONO ___
Fe ___ Cr ___ FeCr ___ Metal ___

Titel _____
DOLBY B ___ DOLBY C ___ DNL ___
STEREO ___ MONO ___
Fe ___ Cr ___ FeCr ___ Metal ___

Compact-Cassetten-Nummer	Titel und Rauschunter-drückung	Inhalt	
		Seite A	Seite B

Titel _____
DOLBY B ___ DOLBY C ___ DNL ___
STEREO ___ MONO ___
Fe ___ Cr ___ FeCr ___ Metal ___

Titel _____
DOLBY B ___ DOLBY C ___ DNL ___
STEREO ___ MONO ___
Fe ___ Cr ___ FeCr ___ Metal ___

Titel _____
DOLBY B ___ DOLBY C ___ DNL ___
STEREO ___ MONO ___
Fe ___ Cr ___ FeCr ___ Metal ___

Titel _____
DOLBY B ___ DOLBY C ___ DNL ___
STEREO ___ MONO ___
Fe ___ Cr ___ FeCr ___ Metal ___

Titel _____
DOLBY B ___ DOLBY C ___ DNL ___
STEREO ___ MONO ___
Fe ___ Cr ___ FeCr ___ Metal ___

Compact-Cassetten-Nummer	Titel und Rauschunter-drückung	Inhalt	
		Seite A	Seite B

Titel _____
DOLBY B ___ DOLBY C ___ DNL ___
STEREO ___ MONO ___
Fe ___ Cr ___ FeCr ___ Metal ___

Titel _____
DOLBY B ___ DOLBY C ___ DNL ___
STEREO ___ MONO ___
Fe ___ Cr ___ FeCr ___ Metal ___

Titel _____
DOLBY B ___ DOLBY C ___ DNL ___
STEREO ___ MONO ___
Fe ___ Cr ___ FeCr ___ Metal ___

Titel _____
DOLBY B ___ DOLBY C ___ DNL ___
STEREO ___ MONO ___
Fe ___ Cr ___ FeCr ___ Metal ___

Titel _____
DOLBY B ___ DOLBY C ___ DNL ___
STEREO ___ MONO ___
Fe ___ Cr ___ FeCr ___ Metal ___

Compact-Cassetten-Nummer	Titel und Rauschunter-drückung	Inhalt	
		Seite A	Seite B

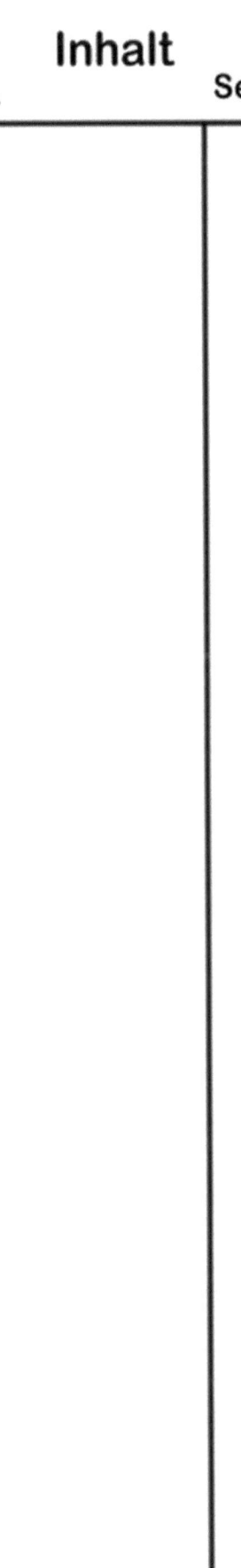

Titel _____
DOLBY B ___ DOLBY C ___ DNL ___
STEREO ___ MONO ___
Fe ___ Cr ___ FeCr ___ Metal ___

Titel _____
DOLBY B ___ DOLBY C ___ DNL ___
STEREO ___ MONO ___
Fe ___ Cr ___ FeCr ___ Metal ___

Titel _____
DOLBY B ___ DOLBY C ___ DNL ___
STEREO ___ MONO ___
Fe ___ Cr ___ FeCr ___ Metal ___

Titel _____
DOLBY B ___ DOLBY C ___ DNL ___
STEREO ___ MONO ___
Fe ___ Cr ___ FeCr ___ Metal ___

Titel _____
DOLBY B ___ DOLBY C ___ DNL ___
STEREO ___ MONO ___
Fe ___ Cr ___ FeCr ___ Metal ___

Compact-Cassetten-Nummer	Titel und Rauschunter-drückung	Inhalt	
		Seite A	Seite B

Titel _____
DOLBY B ___ DOLBY C ___ DNL ___
STEREO ___ MONO ___
Fe ___ Cr ___ FeCr ___ Metal ___

Titel _____
DOLBY B ___ DOLBY C ___ DNL ___
STEREO ___ MONO ___
Fe ___ Cr ___ FeCr ___ Metal ___

Titel _____
DOLBY B ___ DOLBY C ___ DNL ___
STEREO ___ MONO ___
Fe ___ Cr ___ FeCr ___ Metal ___

Titel _____
DOLBY B ___ DOLBY C ___ DNL ___
STEREO ___ MONO ___
Fe ___ Cr ___ FeCr ___ Metal ___

Titel _____
DOLBY B ___ DOLBY C ___ DNL ___
STEREO ___ MONO ___
Fe ___ Cr ___ FeCr ___ Metal ___

Compact-Cassetten-Nummer	Titel und Rauschunter-drückung	Inhalt	
		Seite A	Seite B

Titel _____
DOLBY B ___ DOLBY C ___ DNL ___
STEREO ___ MONO ___
Fe ___ Cr ___ FeCr ___ Metal ___

Titel _____
DOLBY B ___ DOLBY C ___ DNL ___
STEREO ___ MONO ___
Fe ___ Cr ___ FeCr ___ Metal ___

Titel _____
DOLBY B ___ DOLBY C ___ DNL ___
STEREO ___ MONO ___
Fe ___ Cr ___ FeCr ___ Metal ___

Titel _____
DOLBY B ___ DOLBY C ___ DNL ___
STEREO ___ MONO ___
Fe ___ Cr ___ FeCr ___ Metal ___

Titel _____
DOLBY B ___ DOLBY C ___ DNL ___
STEREO ___ MONO ___
Fe ___ Cr ___ FeCr ___ Metal ___

Compact-Cassetten-Nummer	Titel und Rauschunter-drückung	Inhalt	
		Seite A	Seite B

Titel _____
DOLBY B ___ DOLBY C ___ DNL ___
STEREO ___ MONO ___
Fe ___ Cr ___ FeCr ___ Metal ___

Titel _____
DOLBY B ___ DOLBY C ___ DNL ___
STEREO ___ MONO ___
Fe ___ Cr ___ FeCr ___ Metal ___

Titel _____
DOLBY B ___ DOLBY C ___ DNL ___
STEREO ___ MONO ___
Fe ___ Cr ___ FeCr ___ Metal ___

Titel _____
DOLBY B ___ DOLBY C ___ DNL ___
STEREO ___ MONO ___
Fe ___ Cr ___ FeCr ___ Metal ___

Titel _____
DOLBY B ___ DOLBY C ___ DNL ___
STEREO ___ MONO ___
Fe ___ Cr ___ FeCr ___ Metal ___

Compact-Cassetten-Nummer	Titel und Rauschunter-drückung	Inhalt	
		Seite A	Seite B

Titel _____
DOLBY B ___ DOLBY C ___ DNL ___
STEREO ___ MONO ___
Fe ___ Cr ___ FeCr ___ Metal ___

Titel _____
DOLBY B ___ DOLBY C ___ DNL ___
STEREO ___ MONO ___
Fe ___ Cr ___ FeCr ___ Metal ___

Titel _____
DOLBY B ___ DOLBY C ___ DNL ___
STEREO ___ MONO ___
Fe ___ Cr ___ FeCr ___ Metal ___

Titel _____
DOLBY B ___ DOLBY C ___ DNL ___
STEREO ___ MONO ___
Fe ___ Cr ___ FeCr ___ Metal ___

Titel _____
DOLBY B ___ DOLBY C ___ DNL ___
STEREO ___ MONO ___
Fe ___ Cr ___ FeCr ___ Metal ___

Compact-Cassetten-Nummer	Titel und Rauschunter-drückung	Inhalt	
		Seite A	Seite B

Titel _____
DOLBY B ___ DOLBY C ___ DNL ___
STEREO ___ MONO ___
Fe ___ Cr ___ FeCr ___ Metal ___

Titel _____
DOLBY B ___ DOLBY C ___ DNL ___
STEREO ___ MONO ___
Fe ___ Cr ___ FeCr ___ Metal ___

Titel _____
DOLBY B ___ DOLBY C ___ DNL ___
STEREO ___ MONO ___
Fe ___ Cr ___ FeCr ___ Metal ___

Titel _____
DOLBY B ___ DOLBY C ___ DNL ___
STEREO ___ MONO ___
Fe ___ Cr ___ FeCr ___ Metal ___

Titel _____
DOLBY B ___ DOLBY C ___ DNL ___
STEREO ___ MONO ___
Fe ___ Cr ___ FeCr ___ Metal ___

Compact-Cassetten-Nummer	Titel und Rauschunter-drückung	Inhalt	
		Seite A	Seite B

Titel _____
DOLBY B ___ DOLBY C ___ DNL ___
STEREO ___ MONO ___
Fe ___ Cr ___ FeCr ___ Metal ___

Titel _____
DOLBY B ___ DOLBY C ___ DNL ___
STEREO ___ MONO ___
Fe ___ Cr ___ FeCr ___ Metal ___

Titel _____
DOLBY B ___ DOLBY C ___ DNL ___
STEREO ___ MONO ___
Fe ___ Cr ___ FeCr ___ Metal ___

Titel _____
DOLBY B ___ DOLBY C ___ DNL ___
STEREO ___ MONO ___
Fe ___ Cr ___ FeCr ___ Metal ___

Titel _____
DOLBY B ___ DOLBY C ___ DNL ___
STEREO ___ MONO ___
Fe ___ Cr ___ FeCr ___ Metal ___

Compact-Cassetten-Nummer	Titel und Rauschunter-drückung	Inhalt	
		Seite A	Seite B

Titel _____
DOLBY B ___ DOLBY C ___ DNL ___
STEREO ___ MONO ___
Fe ___ Cr ___ FeCr ___ Metal ___

Titel _____
DOLBY B ___ DOLBY C ___ DNL ___
STEREO ___ MONO ___
Fe ___ Cr ___ FeCr ___ Metal ___

Titel _____
DOLBY B ___ DOLBY C ___ DNL ___
STEREO ___ MONO ___
Fe ___ Cr ___ FeCr ___ Metal ___

Titel _____
DOLBY B ___ DOLBY C ___ DNL ___
STEREO ___ MONO ___
Fe ___ Cr ___ FeCr ___ Metal ___

Titel _____
DOLBY B ___ DOLBY C ___ DNL ___
STEREO ___ MONO ___
Fe ___ Cr ___ FeCr ___ Metal ___

Compact-Cassetten-Nummer	Titel und Rauschunter-drückung	Inhalt	
		Seite A	Seite B

Titel _____
DOLBY B ___ DOLBY C ___ DNL ___
STEREO ___ MONO ___
Fe ___ Cr ___ FeCr ___ Metal ___

Titel _____
DOLBY B ___ DOLBY C ___ DNL ___
STEREO ___ MONO ___
Fe ___ Cr ___ FeCr ___ Metal ___

Titel _____
DOLBY B ___ DOLBY C ___ DNL ___
STEREO ___ MONO ___
Fe ___ Cr ___ FeCr ___ Metal ___

Titel _____
DOLBY B ___ DOLBY C ___ DNL ___
STEREO ___ MONO ___
Fe ___ Cr ___ FeCr ___ Metal ___

Titel _____
DOLBY B ___ DOLBY C ___ DNL ___
STEREO ___ MONO ___
Fe ___ Cr ___ FeCr ___ Metal ___

Compact-Cassetten-Nummer	Titel und Rauschunterdrückung	Inhalt	
		Seite A	Seite B

Titel _____
DOLBY B ___ **DOLBY C** ___ **DNL** ___
STEREO ___ **MONO** ___
Fe ___ **Cr** ___ **FeCr** ___ **Metal** ___

Titel _____
DOLBY B ___ **DOLBY C** ___ **DNL** ___
STEREO ___ **MONO** ___
Fe ___ **Cr** ___ **FeCr** ___ **Metal** ___

Titel _____
DOLBY B ___ **DOLBY C** ___ **DNL** ___
STEREO ___ **MONO** ___
Fe ___ **Cr** ___ **FeCr** ___ **Metal** ___

Titel _____
DOLBY B ___ **DOLBY C** ___ **DNL** ___
STEREO ___ **MONO** ___
Fe ___ **Cr** ___ **FeCr** ___ **Metal** ___

Titel _____
DOLBY B ___ **DOLBY C** ___ **DNL** ___
STEREO ___ **MONO** ___
Fe ___ **Cr** ___ **FeCr** ___ **Metal** ___

Compact-Cassetten-Nummer	Titel und Rauschunter-drückung	Inhalt	
		Seite A	Seite B

Titel _____
DOLBY B ___ DOLBY C ___ DNL ___
STEREO ___ MONO ___
Fe ___ Cr ___ FeCr ___ Metal ___

Titel _____
DOLBY B ___ DOLBY C ___ DNL ___
STEREO ___ MONO ___
Fe ___ Cr ___ FeCr ___ Metal ___

Titel _____
DOLBY B ___ DOLBY C ___ DNL ___
STEREO ___ MONO ___
Fe ___ Cr ___ FeCr ___ Metal ___

Titel _____
DOLBY B ___ DOLBY C ___ DNL ___
STEREO ___ MONO ___
Fe ___ Cr ___ FeCr ___ Metal ___

Titel _____
DOLBY B ___ DOLBY C ___ DNL ___
STEREO ___ MONO ___
Fe ___ Cr ___ FeCr ___ Metal ___

Compact-Cassetten-Nummer	Titel und Rauschunter-drückung	Inhalt	
		Seite A	Seite B

Titel _____
DOLBY B ___ DOLBY C ___ DNL ___
STEREO ___ MONO ___
Fe ___ Cr ___ FeCr ___ Metal ___

Titel _____
DOLBY B ___ DOLBY C ___ DNL ___
STEREO ___ MONO ___
Fe ___ Cr ___ FeCr ___ Metal ___

Titel _____
DOLBY B ___ DOLBY C ___ DNL ___
STEREO ___ MONO ___
Fe ___ Cr ___ FeCr ___ Metal ___

Titel _____
DOLBY B ___ DOLBY C ___ DNL ___
STEREO ___ MONO ___
Fe ___ Cr ___ FeCr ___ Metal ___

Titel _____
DOLBY B ___ DOLBY C ___ DNL ___
STEREO ___ MONO ___
Fe ___ Cr ___ FeCr ___ Metal ___

Compact-Cassetten-Nummer	Titel und Rauschunter-drückung	Inhalt	
		Seite A	Seite B

Titel _____
DOLBY B ___ DOLBY C ___ DNL ___
STEREO ___ MONO ___
Fe ___ Cr ___ FeCr ___ Metal ___

Titel _____
DOLBY B ___ DOLBY C ___ DNL ___
STEREO ___ MONO ___
Fe ___ Cr ___ FeCr ___ Metal ___

Titel _____
DOLBY B ___ DOLBY C ___ DNL ___
STEREO ___ MONO ___
Fe ___ Cr ___ FeCr ___ Metal ___

Titel _____
DOLBY B ___ DOLBY C ___ DNL ___
STEREO ___ MONO ___
Fe ___ Cr ___ FeCr ___ Metal ___

Titel _____
DOLBY B ___ DOLBY C ___ DNL ___
STEREO ___ MONO ___
Fe ___ Cr ___ FeCr ___ Metal ___

Compact-Cassetten-Nummer	Titel und Rauschunter-drückung	Inhalt	
		Seite A	Seite B

Titel _____
DOLBY B ___ DOLBY C ___ DNL ___
STEREO ___ MONO ___
Fe ___ Cr ___ FeCr ___ Metal ___

Titel _____
DOLBY B ___ DOLBY C ___ DNL ___
STEREO ___ MONO ___
Fe ___ Cr ___ FeCr ___ Metal ___

Titel _____
DOLBY B ___ DOLBY C ___ DNL ___
STEREO ___ MONO ___
Fe ___ Cr ___ FeCr ___ Metal ___

Titel _____
DOLBY B ___ DOLBY C ___ DNL ___
STEREO ___ MONO ___
Fe ___ Cr ___ FeCr ___ Metal ___

Titel _____
DOLBY B ___ DOLBY C ___ DNL ___
STEREO ___ MONO ___
Fe ___ Cr ___ FeCr ___ Metal ___

Compact-Cassetten-Nummer	Titel und Rauschunter-drückung	Inhalt	
		Seite A	Seite B

Titel _____
DOLBY B ___ DOLBY C ___ DNL ___
STEREO ___ MONO ___
Fe ___ Cr ___ FeCr ___ Metal ___

Titel _____
DOLBY B ___ DOLBY C ___ DNL ___
STEREO ___ MONO ___
Fe ___ Cr ___ FeCr ___ Metal ___

Titel _____
DOLBY B ___ DOLBY C ___ DNL ___
STEREO ___ MONO ___
Fe ___ Cr ___ FeCr ___ Metal ___

Titel _____
DOLBY B ___ DOLBY C ___ DNL ___
STEREO ___ MONO ___
Fe ___ Cr ___ FeCr ___ Metal ___

Titel _____
DOLBY B ___ DOLBY C ___ DNL ___
STEREO ___ MONO ___
Fe ___ Cr ___ FeCr ___ Metal ___

Compact-Cassetten-Nummer	Titel und Rauschunter-drückung	Inhalt	
		Seite A	**Seite B**

Titel _____
DOLBY B ___ DOLBY C ___ DNL ___
STEREO ___ MONO ___
Fe ___ Cr ___ FeCr ___ Metal ___

Titel _____
DOLBY B ___ DOLBY C ___ DNL ___
STEREO ___ MONO ___
Fe ___ Cr ___ FeCr ___ Metal ___

Titel _____
DOLBY B ___ DOLBY C ___ DNL ___
STEREO ___ MONO ___
Fe ___ Cr ___ FeCr ___ Metal ___

Titel _____
DOLBY B ___ DOLBY C ___ DNL ___
STEREO ___ MONO ___
Fe ___ Cr ___ FeCr ___ Metal ___

Titel _____
DOLBY B ___ DOLBY C ___ DNL ___
STEREO ___ MONO ___
Fe ___ Cr ___ FeCr ___ Metal ___

Compact-Cassetten-Nummer	Titel und Rauschunterdrückung	Inhalt	
		Seite A	Seite B
	Titel _____ DOLBY B ___ DOLBY C ___ DNL ___ STEREO ___ MONO ___ Fe ___ Cr ___ FeCr ___ Metal ___		
	Titel _____ DOLBY B ___ DOLBY C ___ DNL ___ STEREO ___ MONO ___ Fe ___ Cr ___ FeCr ___ Metal ___		
	Titel _____ DOLBY B ___ DOLBY C ___ DNL ___ STEREO ___ MONO ___ Fe ___ Cr ___ FeCr ___ Metal ___		
	Titel _____ DOLBY B ___ DOLBY C ___ DNL ___ STEREO ___ MONO ___ Fe ___ Cr ___ FeCr ___ Metal ___		
	Titel _____ DOLBY B ___ DOLBY C ___ DNL ___ STEREO ___ MONO ___ Fe ___ Cr ___ FeCr ___ Metal ___		

Compact-Cassetten-Nummer	Titel und Rauschunter-drückung	Inhalt	
		Seite A	Seite B

Titel _____
DOLBY B ___ DOLBY C ___ DNL ___
STEREO ___ MONO ___
Fe ___ Cr ___ FeCr ___ Metal ___

Titel _____
DOLBY B ___ DOLBY C ___ DNL ___
STEREO ___ MONO ___
Fe ___ Cr ___ FeCr ___ Metal ___

Titel _____
DOLBY B ___ DOLBY C ___ DNL ___
STEREO ___ MONO ___
Fe ___ Cr ___ FeCr ___ Metal ___

Titel _____
DOLBY B ___ DOLBY C ___ DNL ___
STEREO ___ MONO ___
Fe ___ Cr ___ FeCr ___ Metal ___

Titel _____
DOLBY B ___ DOLBY C ___ DNL ___
STEREO ___ MONO ___
Fe ___ Cr ___ FeCr ___ Metal ___

Compact-Cassetten-Nummer	Titel und Rauschunter-drückung	Inhalt Seite A	Seite B

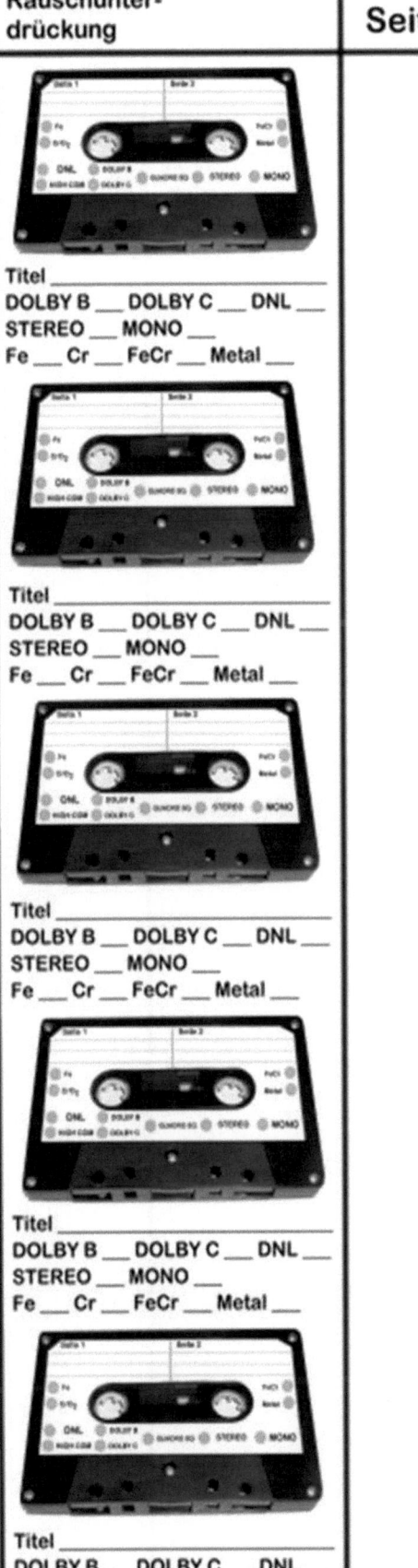

Titel _____
DOLBY B ___ DOLBY C ___ DNL ___
STEREO ___ MONO ___
Fe ___ Cr ___ FeCr ___ Metal ___

Titel _____
DOLBY B ___ DOLBY C ___ DNL ___
STEREO ___ MONO ___
Fe ___ Cr ___ FeCr ___ Metal ___

Titel _____
DOLBY B ___ DOLBY C ___ DNL ___
STEREO ___ MONO ___
Fe ___ Cr ___ FeCr ___ Metal ___

Titel _____
DOLBY B ___ DOLBY C ___ DNL ___
STEREO ___ MONO ___
Fe ___ Cr ___ FeCr ___ Metal ___

Titel _____
DOLBY B ___ DOLBY C ___ DNL ___
STEREO ___ MONO ___
Fe ___ Cr ___ FeCr ___ Metal ___

Compact-Cassetten-Nummer	Titel und Rauschunter-drückung	Inhalt	
		Seite A	Seite B

Titel _____
DOLBY B ___ DOLBY C ___ DNL ___
STEREO ___ MONO ___
Fe ___ Cr ___ FeCr ___ Metal ___

Titel _____
DOLBY B ___ DOLBY C ___ DNL ___
STEREO ___ MONO ___
Fe ___ Cr ___ FeCr ___ Metal ___

Titel _____
DOLBY B ___ DOLBY C ___ DNL ___
STEREO ___ MONO ___
Fe ___ Cr ___ FeCr ___ Metal ___

Titel _____
DOLBY B ___ DOLBY C ___ DNL ___
STEREO ___ MONO ___
Fe ___ Cr ___ FeCr ___ Metal ___

Titel _____
DOLBY B ___ DOLBY C ___ DNL ___
STEREO ___ MONO ___
Fe ___ Cr ___ FeCr ___ Metal ___

Compact-Cassetten-Nummer	Titel und Rauschunter-drückung	Inhalt	
		Seite A	Seite B

Titel _____
DOLBY B ___ DOLBY C ___ DNL ___
STEREO ___ MONO ___
Fe ___ Cr ___ FeCr ___ Metal ___

Titel _____
DOLBY B ___ DOLBY C ___ DNL ___
STEREO ___ MONO ___
Fe ___ Cr ___ FeCr ___ Metal ___

Titel _____
DOLBY B ___ DOLBY C ___ DNL ___
STEREO ___ MONO ___
Fe ___ Cr ___ FeCr ___ Metal ___

Titel _____
DOLBY B ___ DOLBY C ___ DNL ___
STEREO ___ MONO ___
Fe ___ Cr ___ FeCr ___ Metal ___

Titel _____
DOLBY B ___ DOLBY C ___ DNL ___
STEREO ___ MONO ___
Fe ___ Cr ___ FeCr ___ Metal ___

Compact-Cassetten-Nummer	Titel und Rauschunter-drückung	Inhalt	
		Seite A	Seite B

Titel _____
DOLBY B ___ DOLBY C ___ DNL ___
STEREO ___ MONO ___
Fe ___ Cr ___ FeCr ___ Metal ___

Titel _____
DOLBY B ___ DOLBY C ___ DNL ___
STEREO ___ MONO ___
Fe ___ Cr ___ FeCr ___ Metal ___

Titel _____
DOLBY B ___ DOLBY C ___ DNL ___
STEREO ___ MONO ___
Fe ___ Cr ___ FeCr ___ Metal ___

Titel _____
DOLBY B ___ DOLBY C ___ DNL ___
STEREO ___ MONO ___
Fe ___ Cr ___ FeCr ___ Metal ___

Titel _____
DOLBY B ___ DOLBY C ___ DNL ___
STEREO ___ MONO ___
Fe ___ Cr ___ FeCr ___ Metal ___

Compact-Cassetten-Nummer	Titel und Rauschunter-drückung	Inhalt	
		Seite A	Seite B

Titel _____
DOLBY B ___ DOLBY C ___ DNL ___
STEREO ___ MONO ___
Fe ___ Cr ___ FeCr ___ Metal ___

Titel _____
DOLBY B ___ DOLBY C ___ DNL ___
STEREO ___ MONO ___
Fe ___ Cr ___ FeCr ___ Metal ___

Titel _____
DOLBY B ___ DOLBY C ___ DNL ___
STEREO ___ MONO ___
Fe ___ Cr ___ FeCr ___ Metal ___

Titel _____
DOLBY B ___ DOLBY C ___ DNL ___
STEREO ___ MONO ___
Fe ___ Cr ___ FeCr ___ Metal ___

Titel _____
DOLBY B ___ DOLBY C ___ DNL ___
STEREO ___ MONO ___
Fe ___ Cr ___ FeCr ___ Metal ___

Compact-Cassetten-Nummer	Titel und Rauschunter-drückung	Inhalt	
		Seite A	Seite B

Titel _____
DOLBY B ___ DOLBY C ___ DNL ___
STEREO ___ MONO ___
Fe ___ Cr ___ FeCr ___ Metal ___

Titel _____
DOLBY B ___ DOLBY C ___ DNL ___
STEREO ___ MONO ___
Fe ___ Cr ___ FeCr ___ Metal ___

Titel _____
DOLBY B ___ DOLBY C ___ DNL ___
STEREO ___ MONO ___
Fe ___ Cr ___ FeCr ___ Metal ___

Titel _____
DOLBY B ___ DOLBY C ___ DNL ___
STEREO ___ MONO ___
Fe ___ Cr ___ FeCr ___ Metal ___

Titel _____
DOLBY B ___ DOLBY C ___ DNL ___
STEREO ___ MONO ___
Fe ___ Cr ___ FeCr ___ Metal ___

Compact-Cassetten-Nummer	Titel und Rauschunter-drückung	Inhalt	
		Seite A	Seite B

Titel _____
DOLBY B ___ DOLBY C ___ DNL ___
STEREO ___ MONO ___
Fe ___ Cr ___ FeCr ___ Metal ___

Titel _____
DOLBY B ___ DOLBY C ___ DNL ___
STEREO ___ MONO ___
Fe ___ Cr ___ FeCr ___ Metal ___

Titel _____
DOLBY B ___ DOLBY C ___ DNL ___
STEREO ___ MONO ___
Fe ___ Cr ___ FeCr ___ Metal ___

Titel _____
DOLBY B ___ DOLBY C ___ DNL ___
STEREO ___ MONO ___
Fe ___ Cr ___ FeCr ___ Metal ___

Titel _____
DOLBY B ___ DOLBY C ___ DNL ___
STEREO ___ MONO ___
Fe ___ Cr ___ FeCr ___ Metal ___

Compact-Cassetten-Nummer	Titel und Rauschunter-drückung	Inhalt	
		Seite A	Seite B

Titel _____
DOLBY B ___ DOLBY C ___ DNL ___
STEREO ___ MONO ___
Fe ___ Cr ___ FeCr ___ Metal ___

Titel _____
DOLBY B ___ DOLBY C ___ DNL ___
STEREO ___ MONO ___
Fe ___ Cr ___ FeCr ___ Metal ___

Titel _____
DOLBY B ___ DOLBY C ___ DNL ___
STEREO ___ MONO ___
Fe ___ Cr ___ FeCr ___ Metal ___

Titel _____
DOLBY B ___ DOLBY C ___ DNL ___
STEREO ___ MONO ___
Fe ___ Cr ___ FeCr ___ Metal ___

Titel _____
DOLBY B ___ DOLBY C ___ DNL ___
STEREO ___ MONO ___
Fe ___ Cr ___ FeCr ___ Metal ___

Compact-Cassetten-Nummer	Titel und Rauschunter-drückung	Inhalt	
		Seite A	Seite B

Titel _____
DOLBY B ___ DOLBY C ___ DNL ___
STEREO ___ MONO ___
Fe ___ Cr ___ FeCr ___ Metal ___

Titel _____
DOLBY B ___ DOLBY C ___ DNL ___
STEREO ___ MONO ___
Fe ___ Cr ___ FeCr ___ Metal ___

Titel _____
DOLBY B ___ DOLBY C ___ DNL ___
STEREO ___ MONO ___
Fe ___ Cr ___ FeCr ___ Metal ___

Titel _____
DOLBY B ___ DOLBY C ___ DNL ___
STEREO ___ MONO ___
Fe ___ Cr ___ FeCr ___ Metal ___

Titel _____
DOLBY B ___ DOLBY C ___ DNL ___
STEREO ___ MONO ___
Fe ___ Cr ___ FeCr ___ Metal ___

Compact-Cassetten-Nummer	Titel und Rauschunter-drückung	Inhalt	
		Seite A	Seite B

Titel _____
DOLBY B ___ DOLBY C ___ DNL ___
STEREO ___ MONO ___
Fe ___ Cr ___ FeCr ___ Metal ___

Titel _____
DOLBY B ___ DOLBY C ___ DNL ___
STEREO ___ MONO ___
Fe ___ Cr ___ FeCr ___ Metal ___

Titel _____
DOLBY B ___ DOLBY C ___ DNL ___
STEREO ___ MONO ___
Fe ___ Cr ___ FeCr ___ Metal ___

Titel _____
DOLBY B ___ DOLBY C ___ DNL ___
STEREO ___ MONO ___
Fe ___ Cr ___ FeCr ___ Metal ___

Titel _____
DOLBY B ___ DOLBY C ___ DNL ___
STEREO ___ MONO ___
Fe ___ Cr ___ FeCr ___ Metal ___

Compact-Cassetten-Nummer	Titel und Rauschunter-drückung	Inhalt Seite A	Seite B

Titel _____
DOLBY B ___ DOLBY C ___ DNL ___
STEREO ___ MONO ___
Fe ___ Cr ___ FeCr ___ Metal ___

Titel _____
DOLBY B ___ DOLBY C ___ DNL ___
STEREO ___ MONO ___
Fe ___ Cr ___ FeCr ___ Metal ___

Titel _____
DOLBY B ___ DOLBY C ___ DNL ___
STEREO ___ MONO ___
Fe ___ Cr ___ FeCr ___ Metal ___

Titel _____
DOLBY B ___ DOLBY C ___ DNL ___
STEREO ___ MONO ___
Fe ___ Cr ___ FeCr ___ Metal ___

Titel _____
DOLBY B ___ DOLBY C ___ DNL ___
STEREO ___ MONO ___
Fe ___ Cr ___ FeCr ___ Metal ___

Compact-Cassetten-Nummer	Titel und Rauschunter-drückung	Inhalt Seite A	Seite B

Titel _____
DOLBY B ___ DOLBY C ___ DNL ___
STEREO ___ MONO ___
Fe ___ Cr ___ FeCr ___ Metal ___

Titel _____
DOLBY B ___ DOLBY C ___ DNL ___
STEREO ___ MONO ___
Fe ___ Cr ___ FeCr ___ Metal ___

Titel _____
DOLBY B ___ DOLBY C ___ DNL ___
STEREO ___ MONO ___
Fe ___ Cr ___ FeCr ___ Metal ___

Titel _____
DOLBY B ___ DOLBY C ___ DNL ___
STEREO ___ MONO ___
Fe ___ Cr ___ FeCr ___ Metal ___

Titel _____
DOLBY B ___ DOLBY C ___ DNL ___
STEREO ___ MONO ___
Fe ___ Cr ___ FeCr ___ Metal ___

Compact-Cassetten-Nummer	Titel und Rauschunter-drückung	Inhalt	
		Seite A	Seite B

Titel _____
DOLBY B ___ DOLBY C ___ DNL ___
STEREO ___ MONO ___
Fe ___ Cr ___ FeCr ___ Metal ___

Titel _____
DOLBY B ___ DOLBY C ___ DNL ___
STEREO ___ MONO ___
Fe ___ Cr ___ FeCr ___ Metal ___

Titel _____
DOLBY B ___ DOLBY C ___ DNL ___
STEREO ___ MONO ___
Fe ___ Cr ___ FeCr ___ Metal ___

Titel _____
DOLBY B ___ DOLBY C ___ DNL ___
STEREO ___ MONO ___
Fe ___ Cr ___ FeCr ___ Metal ___

Titel _____
DOLBY B ___ DOLBY C ___ DNL ___
STEREO ___ MONO ___
Fe ___ Cr ___ FeCr ___ Metal ___

Compact-Cassetten-Nummer	Titel und Rauschunter-drückung	Inhalt	
		Seite A	Seite B

Titel _____
DOLBY B ___ DOLBY C ___ DNL ___
STEREO ___ MONO ___
Fe ___ Cr ___ FeCr ___ Metal ___

Titel _____
DOLBY B ___ DOLBY C ___ DNL ___
STEREO ___ MONO ___
Fe ___ Cr ___ FeCr ___ Metal ___

Titel _____
DOLBY B ___ DOLBY C ___ DNL ___
STEREO ___ MONO ___
Fe ___ Cr ___ FeCr ___ Metal ___

Titel _____
DOLBY B ___ DOLBY C ___ DNL ___
STEREO ___ MONO ___
Fe ___ Cr ___ FeCr ___ Metal ___

Titel _____
DOLBY B ___ DOLBY C ___ DNL ___
STEREO ___ MONO ___
Fe ___ Cr ___ FeCr ___ Metal ___

Compact-Cassetten-Nummer	Titel und Rauschunter-drückung	Inhalt	
		Seite A	Seite B

Titel _____
DOLBY B ___ DOLBY C ___ DNL ___
STEREO ___ MONO ___
Fe ___ Cr ___ FeCr ___ Metal ___

Titel _____
DOLBY B ___ DOLBY C ___ DNL ___
STEREO ___ MONO ___
Fe ___ Cr ___ FeCr ___ Metal ___

Titel _____
DOLBY B ___ DOLBY C ___ DNL ___
STEREO ___ MONO ___
Fe ___ Cr ___ FeCr ___ Metal ___

Titel _____
DOLBY B ___ DOLBY C ___ DNL ___
STEREO ___ MONO ___
Fe ___ Cr ___ FeCr ___ Metal ___

Titel _____
DOLBY B ___ DOLBY C ___ DNL ___
STEREO ___ MONO ___
Fe ___ Cr ___ FeCr ___ Metal ___

Compact-Cassetten-Nummer	Titel und Rauschunter-drückung	Inhalt	
		Seite A	Seite B

Titel _____
DOLBY B ___ DOLBY C ___ DNL ___
STEREO ___ MONO ___
Fe ___ Cr ___ FeCr ___ Metal ___

Titel _____
DOLBY B ___ DOLBY C ___ DNL ___
STEREO ___ MONO ___
Fe ___ Cr ___ FeCr ___ Metal ___

Titel _____
DOLBY B ___ DOLBY C ___ DNL ___
STEREO ___ MONO ___
Fe ___ Cr ___ FeCr ___ Metal ___

Titel _____
DOLBY B ___ DOLBY C ___ DNL ___
STEREO ___ MONO ___
Fe ___ Cr ___ FeCr ___ Metal ___

Titel _____
DOLBY B ___ DOLBY C ___ DNL ___
STEREO ___ MONO ___
Fe ___ Cr ___ FeCr ___ Metal ___

Compact-Cassetten-Nummer	Titel und Rauschunter-drückung	Inhalt	
		Seite A	Seite B

Titel _____
DOLBY B ___ DOLBY C ___ DNL ___
STEREO ___ MONO ___
Fe ___ Cr ___ FeCr ___ Metal ___

Titel _____
DOLBY B ___ DOLBY C ___ DNL ___
STEREO ___ MONO ___
Fe ___ Cr ___ FeCr ___ Metal ___

Titel _____
DOLBY B ___ DOLBY C ___ DNL ___
STEREO ___ MONO ___
Fe ___ Cr ___ FeCr ___ Metal ___

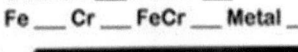

Titel _____
DOLBY B ___ DOLBY C ___ DNL ___
STEREO ___ MONO ___
Fe ___ Cr ___ FeCr ___ Metal ___

Titel _____
DOLBY B ___ DOLBY C ___ DNL ___
STEREO ___ MONO ___
Fe ___ Cr ___ FeCr ___ Metal ___

Compact-Cassetten-Nummer	Titel und Rauschunter-drückung	Inhalt	
		Seite A	Seite B

Titel _____
DOLBY B ___ DOLBY C ___ DNL ___
STEREO ___ MONO ___
Fe ___ Cr ___ FeCr ___ Metal ___

Titel _____
DOLBY B ___ DOLBY C ___ DNL ___
STEREO ___ MONO ___
Fe ___ Cr ___ FeCr ___ Metal ___

Titel _____
DOLBY B ___ DOLBY C ___ DNL ___
STEREO ___ MONO ___
Fe ___ Cr ___ FeCr ___ Metal ___

Titel _____
DOLBY B ___ DOLBY C ___ DNL ___
STEREO ___ MONO ___
Fe ___ Cr ___ FeCr ___ Metal ___

Titel _____
DOLBY B ___ DOLBY C ___ DNL ___
STEREO ___ MONO ___
Fe ___ Cr ___ FeCr ___ Metal ___

Compact-Cassetten-Nummer	Titel und Rauschunter-drückung	Inhalt	
		Seite A	Seite B

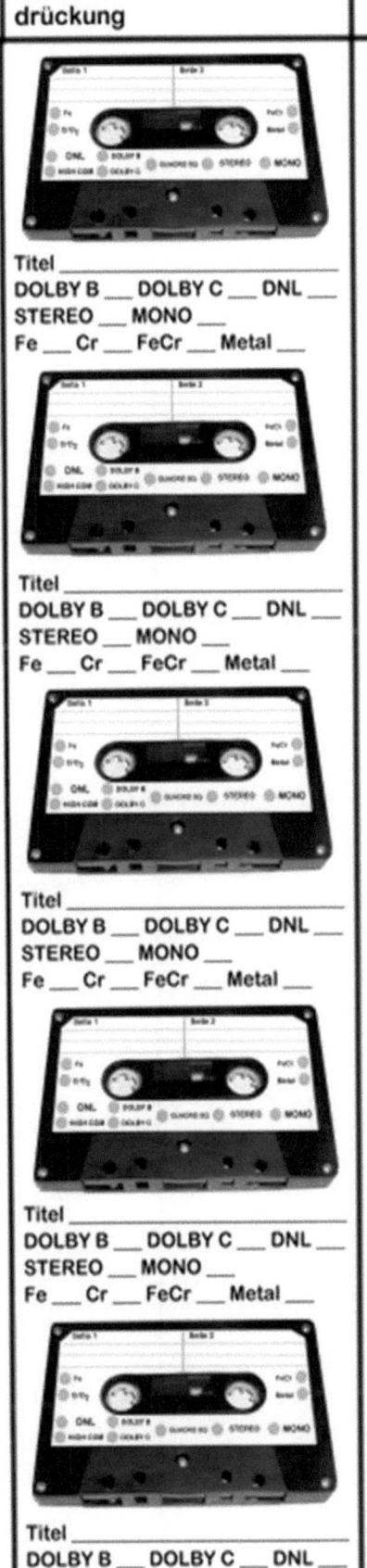

Titel _____
DOLBY B ___ DOLBY C ___ DNL ___
STEREO ___ MONO ___
Fe ___ Cr ___ FeCr ___ Metal ___

Titel _____
DOLBY B ___ DOLBY C ___ DNL ___
STEREO ___ MONO ___
Fe ___ Cr ___ FeCr ___ Metal ___

Titel _____
DOLBY B ___ DOLBY C ___ DNL ___
STEREO ___ MONO ___
Fe ___ Cr ___ FeCr ___ Metal ___

Titel _____
DOLBY B ___ DOLBY C ___ DNL ___
STEREO ___ MONO ___
Fe ___ Cr ___ FeCr ___ Metal ___

Titel _____
DOLBY B ___ DOLBY C ___ DNL ___
STEREO ___ MONO ___
Fe ___ Cr ___ FeCr ___ Metal ___

Compact-Cassetten-Nummer	Titel und Rauschunter-drückung	Inhalt	
		Seite A	Seite B

Titel _____
DOLBY B ___ DOLBY C ___ DNL ___
STEREO ___ MONO ___
Fe ___ Cr ___ FeCr ___ Metal ___

Titel _____
DOLBY B ___ DOLBY C ___ DNL ___
STEREO ___ MONO ___
Fe ___ Cr ___ FeCr ___ Metal ___

Titel _____
DOLBY B ___ DOLBY C ___ DNL ___
STEREO ___ MONO ___
Fe ___ Cr ___ FeCr ___ Metal ___

Titel _____
DOLBY B ___ DOLBY C ___ DNL ___
STEREO ___ MONO ___
Fe ___ Cr ___ FeCr ___ Metal ___

Titel _____
DOLBY B ___ DOLBY C ___ DNL ___
STEREO ___ MONO ___
Fe ___ Cr ___ FeCr ___ Metal ___

Compact-Cassetten-Nummer	Titel und Rauschunter-drückung	Inhalt	
		Seite A	Seite B

Titel _____
DOLBY B ___ DOLBY C ___ DNL ___
STEREO ___ MONO ___
Fe ___ Cr ___ FeCr ___ Metal ___

Titel _____
DOLBY B ___ DOLBY C ___ DNL ___
STEREO ___ MONO ___
Fe ___ Cr ___ FeCr ___ Metal ___

Titel _____
DOLBY B ___ DOLBY C ___ DNL ___
STEREO ___ MONO ___
Fe ___ Cr ___ FeCr ___ Metal ___

Titel _____
DOLBY B ___ DOLBY C ___ DNL ___
STEREO ___ MONO ___
Fe ___ Cr ___ FeCr ___ Metal ___

Titel _____
DOLBY B ___ DOLBY C ___ DNL ___
STEREO ___ MONO ___
Fe ___ Cr ___ FeCr ___ Metal ___

Compact-Cassetten-Nummer	Titel und Rauschunterdrückung	Inhalt	
		Seite A	Seite B

Titel _____
DOLBY B ___ DOLBY C ___ DNL ___
STEREO ___ MONO ___
Fe ___ Cr ___ FeCr ___ Metal ___

Titel _____
DOLBY B ___ DOLBY C ___ DNL ___
STEREO ___ MONO ___
Fe ___ Cr ___ FeCr ___ Metal ___

Titel _____
DOLBY B ___ DOLBY C ___ DNL ___
STEREO ___ MONO ___
Fe ___ Cr ___ FeCr ___ Metal ___

Titel _____
DOLBY B ___ DOLBY C ___ DNL ___
STEREO ___ MONO ___
Fe ___ Cr ___ FeCr ___ Metal ___

Titel _____
DOLBY B ___ DOLBY C ___ DNL ___
STEREO ___ MONO ___
Fe ___ Cr ___ FeCr ___ Metal ___